JN438319

그리움을 줍다

그리움을 줍다

한 계 순 제2시집

아직도 마르지 않은 심장의 물소리 졸졸 노래하니
그대 꽃씨여 이제 긴 잠에서 깨어
나의 오감을 춤추게 하라

도서출판 천우

시인의 말

두 번째
때 묻지 않은 흙을 찾아 구석구석 가슴을 헤집었다
가까스로 얻은 점토의 언어들을 으깨고 치대니
어렵사리 비지땀의 반죽은 그나마 수월했다
긴장의 물레질로 갓 태어난 여린 시어를
가지런히 나열하여 가마 속에 넣는 날
뼈 깎은 기원 하나 불꽃으로 지폈다
참으로 긴 시간을 푸욱 구워냈다
볼품없는 유전자의 뚝배기들이
벙긋벙긋 넉살 좋게 나왔다
투박한 가슴에 토장 넣고
보글보글 그리움 끓여
봄 햇살을 맞이한다
하늘 빛깔 청자를
꿈꾸는 시집이
고운 봄볕에
널어놓으면
곱디곱게
물들어
질까

2018년 3월

한계순

제1부

여울목

● 시인의 말

구절초 _ 13
눈 _ 14
허허 그래 _ 15
여울목 _ 16
백담사 _ 17
책 _ 18
중독자 _ 19
잃어버린 맛 _ 20
보았나요 _ 22
억새꽃 _ 23
고라니 _ 24
달님 _ 25
탈곡 _ 26
용서를 빈다 _ 27
침묵하라 _ 28
문을 열다 _ 30
웃으며 보내자 _ 31
귀한 것으로 _ 32
초월 _ 33
새날을 만나다 _ 34
봄눈처럼 _ 36

제2부

그리움을 줍다

노을 _ 39
밤하늘 _ 40
성숙하여 _ 41
바다 _ 42
쑥부쟁이 _ 43
수의 _ 44
보리밭 _ 45
백일홍 _ 46
양심 _ 47
바람이 되어 _ 48
성스러워라 _ 49
삶의 여백 _ 50
무섬 마을 _ 51
청마 시인 _ 52
나를 위하여 _ 53
뜨거운 밤 _ 54
논길에서 _ 56
외로움 농익어 _ 57
그리움을 줍다 _ 58
그곳으로 간다 _ 60

제3부

억새가 사는 이유

훨훨 _ 63
아름다운 산실 _ 64
마음 _ 66
피고 싶다 _ 67
왜 그럴까 _ 68
당신의 모습 _ 70
옥수수 _ 71
억새가 사는 이유 _ 72
절망은 없다 _ 74
소망 _ 75
사랑의 바다 _ 76
어머니 _ 78
괜찮아요 _ 79
사노라면 _ 80
시린 날 _ 81
누가 뭐래도 _ 82
실수 _ 84
너무해 _ 85
가치를 논한다 _ 86
고목은 말한다 _ 87
갈등 _ 88

제4부

흘러가야 한다

그렇구나 _ 91
문학은 _ 92
누런 눈물 _ 93
소백산 _ 94
자작나무 숲 _ 95
푸른 날개 _ 96
다시 만나리 _ 97
달 _ 98
어떻게 살아야 _ 99
나는 어쩌라고 _ 100
흘러가야 한다 _ 101
양지에 피는 꽃 _ 102
그대 품 그리워 _ 103
하루살이 _ 104
씨가 있다 _ 105
봄날은 말한다 _ 106
떠나기 전에 _ 108
이식 _ 109
병산의 갈참나무 _ 110
무상 _ 111
우정 _ 112
기가 막혀 _ 113

● 해설 그리움이 깔린 조용한 갈참나무 같은 싱싱한 시
/ 박영교 — 114

제1부

여울목

구절초

오랜 날을
먼 하늘 사모하다
연보라 그리움이 되었네

산그늘 내리고
찬 이슬 아려도

외롭다
울 수가 없음은

슬픔은 이미 떠났고
피멍도 삭아져

빛바랜 초연 하나
무상을 알고 말았네

눈

꽃이 내려요
새하얀 꽃들의
넋이 내려와
삭막한 세상에
은빛 꽃을 피워요

잊혀진 첫사랑도
사뿐사뿐
발꿈치 들고 돌아와
새하얀 미소로
손짓해요

꽃으로 살다
꽃처럼 사랑하고
꽃잎 되어 떠나가면
그리움 내리는 밤
눈꽃으로 피나 봐요

허허 그래

무얼 바라고 무얼 얻으려 하는가

알아주기를 원하고

사랑받기를 바라는가

내가 나눠주고

내가 사랑하면 그만이지

허허

세상사 호락호락하지 않으니

하늘 아래서 못 얻으면

하늘 위에서 얻으려니 믿고

그래

남은 길

웃으며 천천히 걸어가자

여울목

겹친 외로움 치근대면
무심한 돌부리 휘돌아
선홍빛 웃음이 그립다

골백번 아문 상처
부딪쳐 깨어져도
삶은 오로지 간절하기에
흰 거품 훅훅 토하며
깊숙한 연정의
아우라지가 되었다

때로는 연분홍 꽃잎에 젖어
더러는 폭우에 길을 잃어도
갈대숲 무명천 낙엽 벗 삼아
나의 바다 그곳으로 간다

백담사

누구는 복잡한 가슴
비워볼까 찾았고
누구는 빈 가슴
채워볼까 찾아온다

누구는 차창 안에
고성방가 풀어놓고
누구는 계곡 물에
찌든 삶을 풀어낸다

누구는 세상이
싫어서 숨어들고
누구는 세상이
부끄러워 숨어든다

첩첩한 번뇌 안고
떠도는 나그네
합장한 샘물에
심보나 헹궈서

염불하는 바람결에 말려서 가소

책

날마다 귀한 분을 만나
작은 속삭임으로
큰 울림을 듣는다

침묵의 깨우침에는
잠든 세포가 눈을 뜨고
여명의 기지개 찬란하다

깨알 같은 언어를
달군 가슴에 달달 볶으면
혜안 가득 진액이 나오고

찾는 만큼 보이고
보는 만큼 얻어지는
딱 그만큼만
허락되는 지혜의 원천이다

중독자

하늘은 높고 땅은 넓은데
스스로 가둔 비좁은 공간에서
기둥은커녕 지팡이도 못 되는
한심한 꼬챙이
단 한 번의 생애와
단 하나의 몸이
뭐 그리 싫다고
영육을 독에 절여
소중한 생의 날들을
시궁창에 버리는가
정신이 날아가고
간이 굳어가고
폐가 썩어가고
괴물로 변한
동정 받지 못할 허깨비
자신과의 전쟁에서 지고 만
패잔병의 말로가
쓰레기 되어 악취를 풍긴다

잃어버린 맛

새벽 찬 이슬에
해 질 녘 논둑길 누비며
벼 이삭 사이로
손보다 빠르게 튀는
눈치가 백단인 놈들을
진땀나게 잡았지
양파 망 속에서 난리치는 놈들을
짠하지만 사정없이 쪄버렸어
살랑대는 갈바람에
발갛게 건조되어 엄청 고소하네
주말에 오는 손자 녀석들 먹이려고
자연산 영양식 준비했지
도시에서 신나게 온 어여쁜 그 녀석들
얘들아 맛난 것 먹자
바구니 들고 양지쪽에 앉았다
우와 신난다
피자야?
치킨이야?
에 잉! 벌레잖아
이건 맛있는 메뚜기란다
냉큼 한 마리 보란 듯이 냠냠

으아 할머니 야만인이다
손자 녀석들 기겁하여 도망친다
쯧쯧

보았나요

저 어둠의 장벽에서
솟구쳐 오르는 재앙의 불길을

저 죽음의 땅에서
굶주려 헤매는 민족의 눈물을

저 살인마의 시커먼
뱃속에 들어찬 테러의 맹독을

저 집요한 독재의 세습에
희생당해 구천을 떠도는 넋들을

저 자유의 갈망에 목숨 건 탈북자의
피 맺힌 망향의 한을

하늘이여
하늘이여
정녕 민심이
하늘의 마음이거든

억새꽃

저무는 언덕에는
안개 닮은 그리움이 자욱하다

숱한 생채기 달래며
묻어놓은 비애가
서걱대며 보채는 해거름

척박한 삶이 펴 올린
뽀얀 미소는
외로움을 초월한
침묵의 언어이며
못다 한 사랑의 고백이다

한사코
뜨거움만이 연정이 아니라고
빛바랜 유혹으로 손짓하며
바람의 길목을 서성이는 나를 본다

고라니

야. 이 망나니 도둑놈아
영역을 넘었잖아

불법이 아니라고 밤마다
내 소박한 사랑을 훔치고
얄미운 발자국만 남기냐

싹둑 잘린 상처는 어쩌라고

그 맑은 눈동자
이젠 믿을 수 없어
미움을 엮어 울타리를 칠 거야

달님

그런 눈빛으로 유혹하면 어쩌나

까만 고독의 면전에서

너무 야하게 분칠을 했잖아

그 간드러진 미소에

바윗덩어리도 상사병 들겠어

안으려면 외면하고

돌아서면 안달하는 내숭쟁이

매화꽃 안고 엔간히 희롱하더니

엄동의 앙상한 나목에 앉아

한 폭의 외로움을 그리네

성에가 붓질하는 창 너머

환하게 그리움을 걸어놓았네

탈곡

만추의 들에는
깍지들의 피멍이 낭자하다

매몰찬 도리깨질에
자지러지는 경이로운 희생

살점을 쏟아내는 대궁에게
따끈한 미역국을 먹이고 싶다

너를 위한 고통은 차라리 희열이라
장렬한 비명소리 하늘 문이 열리니

골백번 절명해도 허실이 아닌 것이
후덕한 곳간 품에서 옹알대는 씨알들

용서를 빈다

피지도 못하고 떨어져버린 꽃망울
그 혹독한 여름날의 황무지

잔인한 소나기 탓이라 하기엔
너무나 무지한 꽃대였다

신성을 외면한 하늘은
생명의 구원을 탄원하지 않았고
궁핍한 세상은 열매를 거부했다

철거당한 씨방은 헛꽃만이 무성한
모순의 시대
방황하는 정자와 난자들

비명도 못 지른 채 뚝뚝 떨어져 버린
피지 못한 꽃망울이
가엾고 슬프다

정녕 야만의 잉태가 아닌
축복의 다산인 것을
가을 벌판이 말해 주고 있는데도

침묵하라

말이 많으면 말에 밟힌다
인왕산 바위가 입을 여는 오늘
말 많은 사람들 땜에
낮잠을 설쳤다네

야! 시끄러
척만 하는 뚜쟁이
값비싼 말로 싸울 거면
승마장 가서 말하고 싸워
빈 깡통은 재활용이나 하지

북한산 청솔이 소리친다
워매 우야꼬!
빨갱이들 폭죽소리에
고막이 터졌다고
별들이 마구 우네

말도 마
말 폭탄에 맞아
말을 잃은 불구자도 있어

지나는 바람이 궁 시 렁
불쌍하게 됐구먼
하늘이 입을 열면 벼락이 칠 텐데

문을 열다

열지 않고 얻는 것은 없다

활짝 연다는 것은
햇살 뜨는 동녘처럼
흐드러진 만남이다

절실한 문이 있다
응애! 터지는
위대한 열림이다

빙판에도 문은 있다
온정의 입김 불어
싸늘한 맘 활짝 열면
산들산들 꽃바람
물결 따라 춤을 춘다

딱딱한 껍질 여는
성스러운 꽃눈마다
유혹하는 향기의 문이 있다

똑똑 문 좀 열어주세요

웃으며 보내자

미련을 잔뜩 안고
뭘 그리 휘청이는가
냉수 한 사발 마시고
지나간 날들을 뒤적뒤적
씁쓸한 기억들만 선별하여
씻어내면 되지
말끔히 비운 삶의 터에
상큼한 연둣빛 나래 팔랑이는
새날을 키우고
정열의 태양이 청록의 숲을
숨차게 애무하는 길목을 돌아
갈색 바람이 몰고 온
낙엽 쌓인 뒤란에
성근 눈보라 뽀얀 그리움으로
또 한 줄의 시를 남기고
깊은 엄동까지 뜨겁게 사랑할 뿐
영원할 수 없는 우리가
세월의 속도에 흔들리며
아파할 시간이 없다

귀한 것으로

과거는 돌아볼 수 있어도
돌이킬 수 없는 부도 수표
까만 그리움에 봉해놓고

미래는 백지의 시간을 담보한
어음에 불과하니
하얀 하늘에 맡겨두자

지금 확실한 것
분명히 내 손안에 있는
이 순간의 지폐로

몽땅 웃음을 구매하고
안면 가득 전시하여
삶의 가치를 높여야겠다

초월

한세상 준비에 익숙한 삶
미래를 준비하고
자식의 장래를 준비하고
마지막 노후준비를 하고 나서
모두 이루었다고 안도했다
어느 날 점점 빨라지는
나이의 속도가 최후를
준비할 숙제로 다가왔다
알맹이의 갈 곳은 예약되어 있으나
알뜰히도 써먹은 껍데기지만
그냥 버리기는 아깝다
흙으로 돌아가고
혹은 한 줌의 재가 되기 전
하늘이 내린 살신성인은 못 되어도
쭈그러진 빈 몸뚱이나마
재활용이 되고 싶다
혹여 누군가의 생명에 보탬이 된다면
그 얼마나 값진 죽음이겠는가
살아서는 재능기부
죽어서는 시신기증
이것이 참된 보시요
헌신이라 믿기에~

새날을 만나다

한 해의 초대장을 받았다

수많은 만남이 기다리는
찬란한 꿈의 무대
유난히 설레는 시작이다

침묵의 외침은 장엄하고
뛰는 가슴 무게는
내일의 저울질에 족하여

작아도 큰 힘으로
땅이 빚은 토기에
감히 하늘을 담아본다

두려움조차 낭비이니
좁은 가슴에 천지를 넣어
아픔까지 사랑하고 싶은 날

기다림은 간사하게 기회를 뺏고
속임수에 익숙한 시간은
느닷없이 한 해를 삼키니

명석한 소망이여

열두 달 그늘을 골골이 비집어
빛으로 박음질한
눈부신 드레스를 만들어 다오

날마다 청첩장을 보내어
삶을 초대하리라

봄눈처럼

녹아드는 것은 깊숙한 속내에
온기가 있기 때문이다

꽃샘추위 속에서도
눈 녹인 젖줄로
싹을 키우는 흙이기를

흩날리는 차가운 시선
무책임한 미움들로
얼어붙은 세상을
뜨거운 가슴에 녹여
매화를 피우고 싶다

속속들이 너그러운 봄을 닮기를

제2부

그리움을 줍다

노을

야들한 비단 폭
곱디곱게 물들여

구름솜 사려 넣어
원앙금침 수놓아

추풍에 먼 길 돌아오신
임의 밤을 쉬게 하리

밤하늘

농익은 하늘자락

처연히 허물 벗고

산 그림자 물레질에

어둠을 타래 엮어

부윤한 밤의 베틀에

고운 꿈을 직조하니

비단 필 삶의 바탕

수놓아서 고운 밤

성숙하여

금(金)으로 산다고
착각하면서
행복을 환산하는
어리석음이
세상 끝에서
고개를 숙인다

한 자락 맘 하나
내 것이기에
씻어주고 닦아주고
소독하면서
하늘만큼 땅만큼
키워 보리라

바다

애증의 파도가
아름다운 줄
퍼런 멍이 들고서야

밀밀한 모성이
영롱한 줄
진주알 품고서야

잔인한 뙤약볕이
사랑인 줄
소금이 되어서야
알았네

쑥부쟁이

머~언 그날

짓궂은 바람이 춘설을 뿌리고

여린 꽃잎은 눈물에 젖어

굳은 입술 파르르

연분홍 매화는 바람에 흩어졌다

또다시 잊을 만하면

주름만 남기고

젊음을 훔쳐간 시간들이 몰려와

왁자지껄 꽃불을 피워대고

헐어진 담장 아래

늙은 쑥부쟁이

푸시시 잠에서 깬다

수의

머나먼 하룻길이
어이 그리 힘겨운지

이끼 낀 주름 사이로 번지는
회한의 물결 따라
텅 빈 쪽박이 맴을 돈다

혼자만 가는 곳은 아니지만
홀로 가야 할 지독한 고독

내가 너무 오래 살았다
입고 갈 옷은 우예노

낡은 뼈 동이고 갈 삼베옷
먼 옷 챙기시는 어머니

가슴에 묻어둔 애물단지는
어이 쏟고 가시려나

보리밭

사랑하기에
엄동에도 식을 수 없었고
아지랑이 유혹에도
졸지 않았다

간절하기에
밟혀도 누울 수 없었고
목이 타고 배고파도
울지 않았다

모정이기에
옹차게 허리띠 졸라매고
바람의 분탕질에 흔들려도
꺾이지는 않았다

보람이기에
서둘러 금빛 바다 출렁이고
보릿고개 넘던 어머니
노랗게 웃고 있다

백일홍

격렬한 계절을 휘돌아
폭풍의 해일로 밀려왔다가
와르르 실종된 봄꽃들의 잔해 뒤에
숨죽여 나직이 피어나는
꽃이여 임이여

복더위 긴긴 장마
마를 날 없는 삼베 적삼
허리띠 졸라매고 척박한 삶 일구는
뜨거운 가슴의 백일기도
꽃이여 임이여

죽어도 너를 품으려
낙화를 거부하는 박제의 꽃잎
마른침 삼키며 길섶을 지켜 서서
행주치마 가득 추억을 담고 있는
꽃이여 임이여

양심

영장만이 지닌
보이지 않는 장기가
살아만 있으면
진실의 뿌리 되어

시궁창이라도
연꽃으로 피어나고
창파 속에서도
진주로 태어난다

심장 깊숙이
원초의 숲에는
사철 맑은 물 솟아
그곳에 해맑은
장기가 터 잡고 있다

바람이 되어

아직도 꿈을 꾼다

억센 바다를 춤추기보다
작은 호숫가에 누워
비단결 머리카락 만지고 싶다

먼 하늘 구름 숨차게 쫓기보다
청 보리 물결에 빠져
긴 하루를 머물고 싶다

수많은 상처를 남기기보다
고요한 나목의 노래로
새하얀 춤을 훨훨 추고 싶다

성스러워라

신방에 든 새색시
단꿈 깨우는 새벽이 밉다
사랑 여무는 소리 뚝뚝
돌아보는 낙화가 서럽다
성스런 탈피인가
벗어버린 향기인가
속속들이 다시 피는
불꽃의 떨림인가
빗장 풀린
바람의 넉살에도
절절한 산실은 숙연하다
풀어헤친 젖가슴에
온종일 풀무질하는
모성의 몸부림
여린 듯 강한 물레질로
삶의 타래 엮어가는
꽃들의 몸짓이 아름답다

삶의 여백

시간에 복종하기보다
지배하는 여유를 만들어
잠시 무시한 현실
보채는 삶도 밀어놓고
미래와 현재의 가장자리
지혜의 하얀 집을 지어
쫀득한 칭찬의 밥
맛깔스런 웃음의 반찬에
가슴 열어 보글보글
위로의 찌개
따끈한 마음을 차려
이해의 찻잔에 배려를 담아
허기진 가슴을 채우려고
옥죄는 삶 느슨하게
풀어놓아야겠다

무섬 마을

세월의 부리에 쪼여가며
본능을 지킨 순수들이
자욱이 숨어 있는 물돌이 백사장에
무더운 계절이 찾아오면

설레어 덩실대는 물결 위로
한 줌 구름 풍덩 자맥질하고
알몸으로 홀라당 목물하는 쪽빛 하늘
바람도 덩달아 첨벙대며 놀아난다

넉살 좋은 세월이 철퍼덕 앉아
해묵은 기억이 모래톱에 묻어둔
까르르 웃음소리 헤집어
히죽히죽 너스레 떨고

휘어진 공용의 등골
고집스런 외나무다리도
조바심 난 해거름 손사래에
긴 목 빼고 울컥 외로움을 토한다

청마 시인

그날의 사연 머문 곳은
뜨거운 정염의 바다였다

밀려오는 격동의 해일보다
임의 아픔 더 깊었으니

가풀막진 굴곡의 삶을
심어놓은 저서마다

뿌리내린 시심의 속살은
고스란히 수액을 품었고

주는 사랑의 흥건한 연서로
통영의 바다는 물들어 곱다

다급한 증발의 세월에도
느긋한 임의 혼은 여전히

선홍빛 질펀한 연정의
사랑가를 부르고 있다

나를 위하여

뽀얗게
살 오른 봄볕 아장아장
매화는 눈보라 되어
향기 쏟아 흩날리고
구정에
세배 다녀간 손자들
웃음소리 물든 그네 위에
쌔근쌔근
어린 햇살이 놀다 잠들었다
그토록
열정을 곁들인 젊은 날의 고단함과
엄마를 탄생시킨 격동의 삶이
농익어 말랑말랑
달콤하고 새콤하다
이제는
느림의 쉼터에서
밀밀한 자연의 태교 받은
햇살 닮은 나만의 시간을 낳아
월산방 아궁이 군불 지피고
넉넉한 삶 하나 키워야겠다

뜨거운 밤

질척한
어둠의
심장을
마구
흔드는
무논

번식의
구애
널브러진
신방이
후끈후끈

철부지
모포기
히죽히죽
까치발 들고

청 보릿대
헤실헤실

입덧하는
초저녁

첨벙대는
추억은
개굴개굴
그리움을
부른다

논길에서

니들은
아직도 화들짝 놀라는구나

노랗게 물오른 들판에
한철 북적대던 소박한 전쟁
그 긴장의 싸움에서 이겨
수백 마리 포로를
헝겊 자루에 담아
의기당당 돌아오던
그날에도
산그늘은 내리고
늦바람난 쑥부쟁이
희뿌옇게 헤실대고 있었지

외로움 농익어

어둠이 쪼아 먹은 조각달
허공에 나부끼고
빈 가지마다 빼곡히
그리움을 앓는 밤
밤 벌레 우는 사연
알 길 없는 담벼락에
침묵의 이끼는 나직이
식어가는 이슬을 핥는다

길섶에 웅크린 낙엽들
어슴푸레 기억을 더듬고
성근 바람의 심술에도
아스라이 꿈결 헤쳐가며
그리움 삭히는 꽃대들
기다림에 익숙한 나목들의
자장가로 스르르 잠이 든다

그리움을 줍다

어둠이 서두르는 산골마을
굴뚝마다 피는 매캐한 연기 골목을 감돌아
아이 부르는 엄마들의 목소리 어우러져 정겨웠다
골목을 누비며 숨바꼭질하다가 시장기가 돌고
삼베 적삼에 젖은 고단을 알 길 없는 철부지들
칼국수 미는 엄마 옆에 붙어 앉아
“국시 꼬리 많이 줘 잉.”
쪼르륵거리는 배에 군침을 삼켰다
“앵! 다 썰었네.” 눈물이 핑 나도록 속상해하면
“다음에 남겨 주마. 오늘은 반죽이 적어서.”
쓴 미소 짓는 엄마가 약속했다
아궁이 불에 구우면 풍선처럼 부풀어 바삭하고 고소한 국시 꼬리
그 맛의 추억을 잊을 수 없다
초가집 추녀 끝에 호야불이 흔들리고 불나비 춤추면
쑥 향기 모깃불은 감미로운 환상의 하모니를 이루었다
멍석 깔은 마당에 둥근상 펴고
풋고추 한 바가지에 양념장 한 탕기의 만찬

옹기 소래기에 끓여 담은 칼국수에는
애호박이 맛깔스럽게 섞여 있었다
뜨끈한 국수 한 그릇 단참에 뚝딱하고
멍석에 누워 구수한 옥수수 먹으며
유난히도 빛나는 한여름 밤의 별들과 반딧불로 고운 꿈을 키웠고
입담 좋은 오빠의 옛날 얘기에 등골이 오싹하여
거적 친 어둑한 뒷간 앞에서 발을 동동 굴렀다
어둠에 익숙한 천방지축들은 풀섶을 헤치고 앞 개울에서 물장구치며
풋내 나는 계절은 그렇게 영글어 갔다
그 순수한 동심이 사라진 지금 반딧불도 떠나고 별빛도 흐릿하여
얻은 것도 많지만 잃은 것도 많은 생의 반환점을 넘어서
아련한 그리움을 줍는다
오늘은 번거롭지만 애호박 넣은 손칼국수에 추억을 곁들여
땀나도록 먹어봐야겠다

그곳으로 간다

옹달샘 물길 따라
부서지고 깨어지는
힘겨운 여정에서
스스로 정화를 터득하며
졸졸 길을 열어 왔다

기나긴 강가에서
갈대의 집념을 배웠고
산천어 사랑에서
해맑은 웃음을 얻었다

비로소 드넓은 가슴
짙푸른 정염의 품에서
태양이 기지개 켜는
수평선을 바라본다

거대한 함선을 받드는
광대한 지혜의 영역
신비의 물빛 속으로
꿈의 전부를 담수한다

제3부

억새가 사는 이유

훨훨

푸른 잎 삶을 먹고
첩첩이 주름 잡아

한세상 채운 나이
비단실로 풀어내어

뒤뚱뒤뚱 비틀비틀
고치 집 지은 후에

기억도 내려놓고
눈 귀조차 막고 나서

번데기 탈피하여
하늘 높이 날아간다

아름다운 산실

능금처럼 붉지도
향기롭지도 않은
산비탈 외로운
여인
저마다 고운
자태 뽐내고
유혹의 엉덩이
실룩이지만
억센 가시로
갈 볕 구걸하여
고단한 삶 일군
소박한 여인이

야무지게 품은

소중한 속살

와르르 쏟아내는

산실이 부윤하다

마음

마지막

미움까지

사랑할 수

있도록

저 하늘

끝자락

노을

한 동이

퍼다가

퍼런 가슴

붉게

물들이고

싶어라

피고 싶다

매화가 꿈꾸는
삼월의 밤

은밀하면서도
세찬 기운이 바람 타고

대지를 감돌다가
오지랖 속으로 파고들어

빗장 지른 가슴을 쿵쿵
두드리는 날

아직도 마르지 않은
심장의 물소리 졸졸 노래하니

그대 꽃씨여

이제 긴 잠에서 깨어
나의 오감을 춤추게 하라

왜 그럴까

길고도 널브러진
짧고도 좁은 길에서

쉬고 싶으면서도
숨차게 달리고

기쁨을 사랑하면서도
슬픔과 동행하고

욕심을 잔뜩 지면서도
힘겹다 호소하고

빛을 사모하면서도
어둠을 즐기고

청결의 편이면서도
세균과 동거하고

지혜를 존중하면서도
어리석음을 자초하고

천년을 꿈꾸면서도
내일을 알지 못하고

영원히 살고 싶으면서도
잠시 머물고

세상을 다 가지고도
빈손으로 간다

당신의 모습

깊은 사랑은 멍들어도 아름답다

아려도 쏟을 수 없는 응어리
모래톱에 감춘 혼의 탄식이
거품으로 뿌옇게 바위 벽에 부서지고

역류할 수도 멈출 수도 없어
끝없이 일렁이는 어머니의 가슴이
정념의 음결을 직조한다

가엾도록 지친 숨결에
부윤한 미소 담아
쪽빛 물들인 치마폭 가득
품고 있는 자애는 멍들어도 아름답다

옥수수

만신창 장맛비에
조갈 나는 땡볕 아래

깨금발로 딛고 선
옥죄는 빈곤한 삶

여린 듯 억센 줄기
주름진 깊은 속내

가지런히 여민 솔기
겹겹이 숨긴 속살

땀내 밴 삼베 적삼
풀어헤친 구수한 맛

비릿한 풋내마저
무쇠솥에 달군 사랑

모깃불 연기 속에
엄니 모습 떠오른다

억새가 사는 이유

질긴 삶의 뿌리 고집으로 묻은
척박한 지명의 언저리
날선 입새는
그대 고뇌의 전부가 아니리

먹장의 밤길 마디마다
서러움 이슬 고이고
감춘 신음소리
찬 바람에 흩어져도

짙푸른 심장
그 깊은 잎맥의 끝자락
거기에 그대 살아 있는
이유가 존재하고 있다

식어가는 황량한 빈들에
낭만의 분신으로 피어나는
분결의 환한 미소가
무리지어 훨훨

추억의 향기로 손짓하면
아름답지도 뜨겁지도 않는
그 야윈 몸짓은 생을 초월한
혼백의 춤사위

천상에 오르기 전 진정
마지막 꽃이기를 원하여
풀어헤친 가슴에
바람까지 사랑하는 시인이구나

절망은 없다

긴급재난문자 삑삑 울린다

노약자 야외활동 자제하고
물을 자주 마시란다
에어컨 선풍기 기세등등하다
텃밭도 타고 내 속도 탄다
살려 달라 비명이 보인다
폭염의 풀무질이 잔인하다
여린 싹은 기절하고 말았다
눈물도 마르고 겨우 피운 꽃도 말랐다

얘들아 미안해
해 질 녘에 물 한 모금씩 주었다
아이들이 부스스 일어난다
고마워요 월산님
노란 꽃이 배시시 웃는다
내가 더 고맙지
초록의 생명력이 경이롭고 사랑스럽다

소망

정열의 꽃으로
낙화의 눈물보다
북풍에 맞서 우는
청솔이 되고 싶다

웅장한 폭포의
물보라 되기보다
마른 논 흘러드는
봇물이 되고 싶다

대지를 호령하는
장맛비 되기보다
언 땅 녹여주는
봄비가 되고 싶다

사랑의 바다

너무나 깊고 넓어 그 속을 알 수 없어
그저 파란 물빛만이 정겨워
풍만한 품에서 한껏 헤엄치고 싶을 뿐

흔들림 없는 당신의 수평선
동녘의 여명이 황홀했고
낙조의 노을이 아름답기만 했지요

꽃잎 띄운 여울목에서
갯바위에 부딪치는 멋진 모습만 보았고
그토록 외로운 짝사랑의 울음소리는 듣지 못했어요

어느 날엔가
퍼런 멍이 들도록 심해 가득 아픔이 오고
파도는 내 안에서 신음소리가 되었어요

당신의 가슴속 닮은
수많은 주름에 고인 애환이 사무쳐오면
겨울 바다는 몹시도 시리고 쓸쓸합니다

진저리 치는 뙤약볕에
사리로 승화하는 숭고한 윤회의 사랑
당신의 바다는 요양원 침상에서
하얀 소금이 되고 있었습니다

어머니

너무 깊어
볼 수가 없었고

너무 높아
잡을 수도 없더니

세월의 깊이만큼
내려가고

나이의 높이만큼
올라가니

이제 보이네
하늘과 바다가

그 주름 속에
타고 있는

뜨거운 사랑이
눈부시네

괜찮아요

완벽하면
그건 사람이 아니지
모자람의 빈자리에
긍정의 뿌리를 내리자

척박한 맘 일구어
진실의 땀 뿌리고
서리 내린 이랑에
늦은 씨알 심어도

괜찮아

서두르지 않아도
훈기 남은 서녘
노을은 붉게
내 안에서 영그니까

사노라면

왜 ? 사느냐고
목줄타고 ? 갈고리 하나
한숨을 끌어내면
불면의 밤은
한기 속에 몸살을 하고
뜨거웠던 삶의 잿더미 속
해묵은 연정의 불씨가
그리움에 뒤척인다

아 ! 축복이다
탁 치는 ! 방망이 하나
영혼을 깨우면
기지개 켜는 여명은
온기 담은 밥상을 차리고
무르익은 삶의 길에는
동행의 인연 만발하여
즐거움이 가득하다

시린 날

별들이 얼어붙던 동짓달 열사흘 날
다섯째 딸을 낳은 당신의 눈물
추녀 끝 고드름이 된 것을
태어난 그날은 몰랐습니다

미운 오리 새끼의 울음소리
고단한 삶에 지친
당신의 산후를 멍들게 한 줄
자라면서 어렴풋이 알았습니다

누구의 잘못도 아닌 천륜의 딸이
아들 선호의 편애에 서러운 앙금을
백조의 날개 펴고서야 풀었습니다

효녀 내 딸 고맙구나
구십팔 세 여린 모정 두 손 잡고서
고인 눈물 건네주던 당신의 모습
다시는 볼 수 없어 서럽습니다

누가 뭐래도

땀방울 뿌린 이랑마다
가을이 내려앉아
설레는 호미자루
땅콩 밭을 찾았다

에그머니 이게 머야

유기농 재배하면
땅도 좋고 나도 좋아
살충제 무시하고
땅콩을 심었더니

땅속이 온통
굼벵이 세상에다
포기마다 들짐승들
만찬이 벌어졌다

덩달아 토종닭들
고단백 포식하고
씁쓸한 농심에
산그늘 내려왔다

괜찮아
그래도
흙이 살아 있으니까

실수

스승님 너무 엄하십니다
물 한 번 쏟았다고
호되게 매를 치시니
팔짝 뛰게
엄청 아파요

요놈아
그래도 아픈 줄 아니 됐다
자꾸 쏟으면
그땐 죽는 줄 알아라
네!

너무해

빨라도 너무 빠르다

과속 카메라에 찍히면
꼼짝 없이 속도위반 감이야

고속철인 줄 아냐

벌금 물고 정지 먹고
면허 취소되지 말고

좀 천천히 가자

인사 사고 나면 감방행에
쪽박신세 면할 길 없어

에구! 벌써 한 해를 지났네

이러다간 눈 깜짝할 사이에
저승까지 가겠구먼

이리 와

따끈한 황토방 품에서 늘어지게
낮잠이나 즐기자구나

가치를 논한다

어디에도 다시없는
단 하나의 몸이
헐값이 될 수는 없어
어쩌다 착각하여
욕심의 노예 되면
병마의 먹이로 적당해지겠지
대충 살면 비지떡이 되고
그럴 수는 없어
두 개쯤 있으면 몰라도
딱 한 개에
한 번뿐이잖아
명품은 못 되어도
자연 닮은 청정수는 되어야지
목마르면 명품보다
물이 최고지
썩지 않게 날마다
정화를 터득해야겠다

고목은 말한다

오~랜 날을
보고 듣고 느꼈으니
허무는 내게 물어보라
누가 생을 짧다 하는가
노~피 고개 들어 멀리 보고
오늘을 묻어 기름진
내일을 가꾸라
누~백 년 한결같이
뿌리로 땅을 팠고
줄기로 바람에 맞서
잎은 그늘을 풀어놓아
침묵을 강연했으니
늙어가는 형체는
땅속 깊은 곳 오로지
생명의 뿌리로 돌아가는 것
물오른 줄기에서
넉넉한 삶의 희열을 얻으라
묵묵히 비우고 베풀면
생은 고스란히 나이테로 남아
창대한 터전의 원력이 되리니
유구한 역사를 보라
어찌 생을 허무에 견주겠는가

갈등

목이 탄다
갈증이 비틀거리는
사막의 모래 언덕
빛과 어둠의 대립이
증발한 땀방울 훑으며
부정의 안개 속을
헤매는 오늘
누구에게 길을 묻는가
잃어버린 언어가
눈동자에 별자리 심어
스스로 이정표 되는 날
신기루와 타협하는
초점 잃은 눈동자에
허물어진 모래성이 보인다
긍정의 하늘이여
메마른 가슴 적셔주오
당신의 뜻대로
비좁은 실개울 감사하며
버들치의 기도가 되리니

제4부

흘러가야 한다

그렇구나

생각에는 시간이 필요하다

순간의 생각을 따르면
어느 날
내가 왜 그랬을까
돌이킬 수 없는 날에
부끄러운 후회를 남길 수 있다

생각에는 목표가 중요하다

무작정 달리는 몸이면
어느 날
내가 왜 여기에 있지
돌아갈 수 없는 길에
안타까운 후회를 남길 수 있다

문학은

꺼지지 않는
불꽃

가치 있는
삶의 초석

지혜를 깨우는
모정의 음성

시간을 초월한
영혼의 울림

살아 있는
감성의 보고

소통하는
가슴의 열림

언어의 꽃
영장의 향기이다

누런 눈물

고운 모습이 얼룩진다

꽃샘추위 시누이는
달랠 수 있고

춘설의 매운 눈총도
시모님 사랑인데

행악의 불청객이
서풍 타고 날아들어

마구 분탕질을 해대니

숨어 우는 새아씨
서방님만 기다린다

쪽빛 하늘 서방님
잠에서 어서 깨어

먹구름 방망이로
불청객 몰아내고

따사로운 양지 품에
봄 아씨 안아 주오

소백산

빛바랜 삶이 허허로우면
짙은 자애의 모태로 간다

오색 풍만의 자비는
퇴색된 영혼 곱게 물들이고

푸석한 갈증은
옥수의 여유로운 음절에서
촉촉한 모정의 훈육을 듣는다

어머니
그 높고 깊은 젖가슴
끝없는 용서의 탑에서

무감각의 허물 벗은
가벼운 마음 하나

피안의 낙엽 되어
비로봉 기슭에 두고 온다

자작나무 숲

나 외로움은 몰라
나뭇잎 도란도란
해맑은 바람의 둥지

지루한 봄날도
적도의 난해함도
짙은 북풍의 시샘도
비켜 가는 쉼터

먼 빛으로 유혹하는
초록의 춤사위
갈색 추억의 손사래
주름 없는 하얀 미소

싱그러운 자연의 연인

달빛 먹어 채색된
은빛 시어들
쌓아올린 키만큼
드높은 꿈들이

팔랑팔랑 나부낀다

푸른 날개

쓰리고 아린 옹이
기꺼이 훈장 달아

불꽃보다 진한 혈액
속으로 다스려서

북풍한설 우는 밤
열정으로 잠재우고

지조로 지킨 향기
창공을 씻는 숨결

침묵보다 존엄하고
청순보다 고고하니

선비의 곧은 정신
소백산에 청청하다

다시 만나리

돌아보며 뚝뚝 떨어지는
이별은 눈물이 아니다

약속을 남긴 가슴이
노을처럼 아름다워
뜨겁게 보내는
주홍 편지의 심연이다

정녕
아릿한 신열에도
질펀한 흔적 숨기고
바스러지는 침묵의 애상

진솔한 언약
붉은 낙관 찍어놓고
뭉클한 모체의 이탈에서
매몰찬 윤회의 길을 간다

승천보다 더 숭고한 흙이 되기를~

달

오랜만에 포식했네

까만 길 하얀 외로움
함께 가노라면
휘어지는 허리보다
치근대는 외로움 때문에
이슬 맺혔는데
오곡밥에 갖가지 나물
호두 밤 곁들여 잔뜩 먹었더니
배 좀 보게
터질듯 부풀었어
신나게 먹고 나니
한 아름 사랑 덤으로 주면서
두 손 모아
소원 좀 부탁하자는데
거절할 수 있나
환하게 들어주다 보니
어라!
외로움이 토라져 가버렸네
속 좁은 것아
보름밤 나도 사랑 좀 받아보자

어떻게 살아야

한 가지 소원만
들어준다는 암자에
다리 절며 기어올라
새끼들 복을 빌었더니

그것도 욕심이여
바위가 면박을 주네

어허
찍소리 말고 푹 썩어
밑거름 되는 것이
새끼들 복 주는 길이지
등 굽은 상수리나무가
옆구리 찌르네

이봐
질퍽한 마음 비워서
훨훨 날아올라
새끼들 마음 밭에
봄비로 내리게나
지나는 구름이 손짓하네

나는 어쩌라고

청 매화 눈부시어
달빛도 반하였고
향기에 취한 밤은
깊이를 잃었는데

해묵은 기억마다
그리움도 만개하여
소싯적 움튼 사랑
뜰을 가득 매웠구나

청 매화 치마폭에
휘둘러진 너럭바위
이끼로 단장하고
밤늦도록 히죽대네

흘러가야 한다

고이면 썩는 줄 알기에
실개울은 밤새워 노래 부르고
돌부리에 깨어져도 울지 않는다

멈추면 썩는 줄 알기에
바람은 비좁은 틈새도 차별 없이
정화의 풀무질을 쉬지 않는다

아
슬프게도 사람만이 더러는
마음을 가두고
욕심을 가두고
굳은 편견으로
새로운 물결을 거부하고
부정의 늪에서 허우적이며
순리의 흐름을 방해하고 있다

양지에 피는 꽃

진하게 전해지는 사람의 향기
삶의 꽃길은 햇살이 가득하다
그들은 서로 어우러져
갖가지 웃음으로 고운 빛깔을 내고
진심에서 흐르는 달콤한 맛으로
짜릿한 나눔의 가치를 얻는다
그들의 그늘은 짙어
여름날을 달래기에 넉넉하고
가을 들녘 같은 만남에서
감성의 곳간이 풍요롭다
만추의 길섶에 들국화보다 진한
그들의 향기 흐드러지고
회색 하늘 눈보라 쳐도 황토 가슴은
그들의 온기로 훈훈하고 포근하다
봄꽃 같은 웃음소리 세상이 아름답다

그대 품 그리워

대서양 태평양을 돌아 생의 마지막
원천을 찾는 연어처럼
드넓은 세상에서
채우고 키워 무르익은 삶

감사로 승화할 쯤
비로소 시상(詩想)의 곳간
전원을 찾아 자연인이 되었다

소백산 더불어 무소유를 터득하고
작은 풀꽃 하나에도 사랑을 나누며
시를 닮은 순수한 자연이고 싶다

잠시 왔다 가는 나그넷길
무엇 하나도 감사하지 않을 수 없고
소중하기가 그지없다

삶의 각질 탈피한 여유로움이
노을빛 날개 팔랑이며
소백산 기슭에서 둥지를 틀었다

하루살이

미약하기에 홀로 할 수 없어
왁자지껄 뭉친 춤사위는
살아 있는 희열이다

쉴 짬도 아끼는 건
땅거미의 낭비 때문이지

부와 명예 짊어지고
땅을 기는 저 고통
온종일 하기에는 너무 지루해

너 나 없이 잊혀져 갈
별수 없는 하룻길
부윤한 쪽빛 하늘이
감지덕지할 뿐

설익어 비릿한 내일보다
농익은 어제의 시큼함보다
지금 이순간이 달콤하다

씨가 있다

온화한 말씨가 뿌려지면
마음 밭은 벙실벙실
저절로 꽃이 피어
열매까지 달콤하다

싸늘한 말투가 몰아치면
마음 문은 삐걱삐걱
빗장은 잠겨지고
문풍지만 울어댄다

봄날은 말한다

아름다움은 보이는 것이 전부가 아니다
역경을 전제한 소망은
영원히 피어 있으니
순간을 즐기려 만개한 꽃이라면
그 얼마나 서러운 낙화이랴
혼신의 힘 다하여 이루어야 할
젊은 날의 절실한 개화는
씨앗을 얻기 위한 헌신이며
경이로운 투쟁이자 희생이다
부족함 없는 온실 화초가
이기적 화려함에 도취하여
유혹의 자태를 뽐내지만
불과 몇 시간 버티고 쓰레기 신세가 되는가
역행 없는 순리로 시절을 좇아
번식의 목적을 달성하면
고난보다 희열의 자부로
참만족에 도달하고
비로소 풍요로운 가을을 맞이하는 것이니
젊은 꽃과 나비들이여!
봄은 쉬 떠나고
날은 기다려주지 않으니

짝을 찾아 힘껏 피우고 날아
세상을 채우라
만발한 봄날 수정의 위대함이 있어
고귀한 결실이 있음을 자연은 외치고 있다

떠나기 전에

어둠이 오기 전
고운 나래로 황혼을 붓질하고

아련한 연둣빛 그리움 지워지기 전
그대 하늘가에 꽃잎을 그린다

우수수 낙엽은 울어도

나 기어이
마르지 않는 꽃물 되어
연정의 눈동자 곱게 물들이고

삶의 가장자리 또렷이
붉은 낙관 찍어놓으리

이식

이별의 또 다른 이름으로
모두 보냈다

포근한 상토 품 수유로
솜털 보송한 모종들

떠나보낸 빈 모판이
시원하고 허전하다

손사래 치고
오지랖에 당부 싸서
등 두드려 보내는 날

불나게 반겨주는
햇살이 낯설어
주눅 든 여린 싹
고개 숙여 훌쩍훌쩍

아가야
삶은 참고 견디는 거란다

병산의 갈참나무

칠백 년 인고를
아름드리 끌어안고

굽이치는 세파에도
줄기차게 지킨 뿌리

베풀고 가르치는
천연기념물 터줏대감

장엄한 기상에
부윤한 그늘 담아

사계절 솔기마다
박음질한 정성으로

아린 옹이에
겨우살이 터를 주고

휘어진 가지로
텃새들 품어주며

밀밀한 삶의 길목
타래 엮어 지켜주네

무상

어느새 왔을까
바람이 지나간다

봄밤에 꾼 꿈들이
어렴풋이 다녀간 빈자리
주름만 흔적으로 남아 있다

유년의 실개울 흘러
폭포로 낙하한 첫사랑도 가고
어머니 눈물 흐른 물가에
억새만 무성하다

올망졸망 열매 달아
종종걸음 치던
금쪽같은 시간의 증발이
자욱한 안개로 흩어지고

불로의 여명만이 오늘도
아침 밥상에 올릴
세월을 도마질하고 있다

우정

잔인한 세월이
흠집 낼 수 없는 마음 판에
천륜만큼 붉은
낙화를 거부하는 꽃을 심으니
세상이 온통 향기로 가득하다

황토 빛 가슴팍에
동심이 찰랑대고
뿌리 내린 초록 심연이
망울망울 정겨워
밤하늘에 심은 별처럼
우리 영원을 고집하다

돌아갈 수 없는 길에서
천금보다 값진 우정을
마음 하나로 얻었으니
이만하면 대운이지

기가 막혀

유난히도 잔인한 이천십사년 사월
꽃다운 목숨들의 울부짖음

꼼짝 말고 있으래요
숨이 막혀요
문이 없어요
살려 주세요
엄마 사랑해요
마지막 한마디가 파도에 부서지는 날

우울하여
뚝딱뚝딱 닭장을 짓고
새끼 열한 마리 딸린 토종닭을 사왔다
알록달록 귀여운 병아리들
어미의 지극한 모성 본능 사랑 안에서
쫄랑쫄랑 평화로운 행복을 보았다
함께해야 할 부모와 자식
우리는 어쩌면 가장 소중한 것에 절실하지 못하고
물질 노예의 삶에 젖어 사는 것이 아닐까
바닷가 울부짖는 슬픔이
썩은 양심에게 철퇴를 내리기 바라며
아이들에게 전화를 한다

그리움이 깔린 조용한 갈참나무 같은 싱싱한 시

— 한계순 제2시집 『그리움을 줍다』 해설

박 영 교

(시인 · 前 한국문인협회 이사)

한계순 시인 자택 들어가는 입구에는 천년기념물 제285호 갈참나무 한 그루가 서 있다. 한계순 시인은 항상 이 갈참나무를 보면서 살아가는 시인이다. 그는 이 갈참나무와 같이 싱싱하고 살아 움직이는 시를 발표해 왔다. 그리고 그는 늘 소녀 같은 마음으로 살아가는 작품을 구사하고 누구도 생각할 수 없는 시를 구사하는 시인이다.

한계순 시인은 2011년 9월에 첫 시집 『또 하나 얻어진 나이테』(도서출판 천우 刊)를 출간하고 이제 두 번째 시집 『그리움을 줍다』를 오랜 고심 끝에 탈고하였다.

작품 대부분은 첫 시집 작품을 벗어나서 좀 더 단단해진 작품들이며 호흡도 길고 작품에 자신감이 생겼을 뿐만 아니라 스스로 작품의 실마리를 풀어나가는 품이 작품의 성숙도를 생각할 수 있게 한다. 우리가 살아 생활하고 일을 하는 동안 사물에 대한 감동으로 부터 영감을 얻어 시를 쓰게 되며, 그 감동은 마음속 깊은 곳에서 파도처럼 밀려오는 순수한 열정을 안고 오는 파도소리와 같은 형상일지도 모른다.

한계순 시인은 다른 시인과 달리 그가 생각하는 이미지 구상이 기발하다. 한 시인의 시적 감동은 어떤 사물을 유심히 보는 관점에서 얻어지는 폭포와 같은 이미지를 쏟아내는 것이 그의 시적 감동의 유일성이라고 할 수 있겠다.

시(詩)는 시를 쓴 그 시인의 인격이며 얼굴이다. 또한 그의 정신과 삶 그 자체(自體)이기도 하다. 왜냐하면 우리가 사용하는 언어생활, 지적 정신생활, 일상의 표현 등 그 모두가 우리 삶 속에서 우러나오는 것으로 곧 우리의 언어요, 시인 것이기 때문이다.[1)]

한계순 시인의 제2시집 『그리움을 줍다』는 전 4부로 나누어 싣고 있다. 제1부 '여울목' 21편, 제2부 '그리움을 줍다' 20편, 제3부 '억새가 사는 이유' 21편, 제4부 '흘러가야 한다' 22편, 전 작품 84편을 싣고 있다.

작품 한 편씩 보면서 그의 작품 속에 흐르고 있는 이미지와 내용 전반에 걸쳐서 훑어보도록 한다.

> 꽃이 내려요
> 새하얀 꽃들의
> 넋이 내려와

1) 박영교, 『시조작법과 시적 내용의 모호성』(도서출판 천우. 2013), p.137

삭막한 세상에
은빛 꽃을 피워요

잊혀진 첫사랑도
사뿐사뿐
발꿈치 들고 돌아와
새하얀 미소로
손짓해요

꽃으로 살다
꽃처럼 사랑하고
꽃잎 되어 떠나가면
그리움 내리는 밤
눈꽃으로 피나 봐요

—「눈」 전문

한계순 시인의 작품은 늘 자연과 함께하고 있으며 또 하나 항상 함께하는 것이 있는데 그것은 그리움이다. 자연을 사랑하지 않는 시인이나 일반 사람들이 없지 않겠지만 그의 삶 속에 꿈틀거리고 살아 오르는 것은 바로 자연이며 그것을 그리워하는 그리움이다.

이 세상, 삭막한 세상에 흰 눈이 내려 꽃을 피우고 있으며 잊혀진 첫사랑의 이야기도 발꿈치 들고 사뿐사뿐 걸어오는 미소로 눈 내리는 소리를 표현하고 있다. 그리고 그것은 그리움으로 변신하여 밤을 지나 새벽에는 설화로 피었음을 표현하고 있다. 날이 추울

수록 눈은 마른 가지에 붙어서 오래도록 설화로 남게 되며 그것은 그리움으로 변신하여 꽃으로 화신이 되는 것이다.

무얼 바라고 무얼 얻으려 하는가/
알아주기를 원하고/
사랑받기를 바라는가/
내가 나눠주고/
내가 사랑하면 그만이지/
허허/
세상사 호락호락하지 않으니/
하늘 아래서 못 얻으면/
하늘 위에서 얻으려니 믿고/
그래/
남은 길/
웃으며 천천히 걸어가자

—「허허 그래」 전문

한계순 시인이 사랑에 대한 지론을 이 작품을 통해 피력(披瀝)하고 있는 듯하다. 사랑받기 위해 남을 사랑하는 것이 아니라 내 자신이 사랑하면 그것으로 나눠주면 그만이지 뭐 그리 바라는 것인가? 내가 사랑하여 그것으로 만족하면 그만이고, 그것을 이승에서 얻지 못하면 저세상에서 얻으려니 믿고, 남은 세상을 천천히 살아가자고 언급하고 있다. 사랑이란 사람의 힘으로 강제로 얻어지는 것이 아님을 한계순 시인은 잘 알고 있는 것이다.

누구는 복잡한 가슴
비워볼까 찾았고
누구는 빈 가슴
채워볼까 찾아온다

누구는 차창 안에
고성방가 풀어놓고
누구는 계곡 물에
찌든 삶을 풀어낸다

누구는 세상이
싫어서 숨어들고
누구는 세상이
부끄러워 숨어든다

첩첩한 번뇌 안고
떠도는 나그네
합장한 샘물에
심보나 헹궈서

염불하는 바람결에 말려서 가소

—「백담사」 전문

우리는 살아가면서 마음의 염원이 있을 땐 조용한 사찰이나 교회를 찾아 자신의 의미를 기도하며 마음의 안정을 갖는다.

마음을 비우기 위해 찾을 수도 있고 가난한 마음을 채우기 위해 도량을 찾을 수 있다. 어느 것이나

마찬가지로 고려할 수는 있겠으나 세상을 살기 싫어서 찾을 수도 있고 세상에 자신을 내놓기가 부끄러워서 그곳을 찾을 수도 있는 것이다. 그러한 마음의 번뇌를 안고 살아가는 것 또한 삶의 한 방식일 수도 있으며, 자신의 아픈 마음이 가람의 바람소리에 젖어서 다시 삶의 힘을 얻어 나갈 수 있는 길이 될 수도 있는 것이다.

한계순 시인의 「백담사」는 누가 읽어도 공감이 가는 작품이라고 할 수 있겠다.

날마다 귀한 분을 만나
작은 속삭임으로
큰 울림을 듣는다

침묵의 깨우침에는
잠든 세포가 눈을 뜨고
여명의 기지개 찬란하다

깨알 같은 언어를
달군 가슴에 달달 볶으면
혜안 가득 진액이 나오고

찾는 만큼 보이고
보는 만큼 얻어지는
딱 그만큼만
허락되는 지혜의 원천이다

—「책」 전문

세상에서 가장 큰 지식의 보고는 책이다. 옛날에는 자신이 원하는 책 한 권을 사기 위하여 서울에 유명 서점을 뒤지고 다니거나 옛 고서를 찾기 위해 청계천 고서점이나 인사동 골목을 휩쓸고 다니면서 어렵게 얻은 책을 밤새워서 읽은 적이 있었다.

이제는 인쇄술이 발달하여 누구나 자기가 쓴 이야기나 자신의 시를 작품화하여 원하는 대로 책으로 발간할 수 있어서 책의 홍수시대, 범람하는 책의 물결 속에서 보물 책이 어떤 것인가를 선별하여 가리기가 힘든 시대가 왔다.

한계순 시인은 책을 통해 우리들의 지혜가 자라고, 귀한 분을 만나 대화하며 침묵의 깨우침을 준다고 했다. 작은 글씨 하나에도 그 속에서 진액이 나오고 혜안을 갖게 하며, 독서를 통해 내 자신이 찾는 만큼, 보이는 만큼 지혜를 축적해 갈 수 있다고 한다.

저무는 언덕에는
안개 닮은 그리움이 자욱하다

숱한 생채기 달래며
묻어놓은 비애가
서걱대며 보채는 해거름

척박한 삶이 펴 올린
뽀얀 미소는
외로움을 초월한
침묵의 언어이며
못다 한 사랑의 고백이다

한사코
뜨거움만이 연정이 아니라고
빛바랜 유혹으로 손짓하며
바람의 길목을 서성이는 나를 본다

—「억새꽃」 전문

한계순 시인의 작품 「억새꽃」에는 슬픔이 가득한 삶의 원천이 서성이고 있는 것을 볼 수 있다. 억새꽃은 오랜 세월 동안 허옇게 퍼뜨린 안개꽃이다. 바람이 불면 부는 대로 날아가며 안개처럼 흩어지는 꽃이다.

우리의 삶이 척박한 삶일지라도 그의 삶은 외로움을 머금고 살아가는 초월의 언어이며 다 못한 사랑의 고백이라고 할 수 있다. 빛바랜 머리를 하고 차가운 연정으로 길목의 언덕에 서서 사람들의 이름을 부르고 서성인다.

저 어둠의 장벽에서
솟구쳐 오르는 재앙의 불길을

저 죽음의 땅에서
굶주려 헤매는 민족의 눈물을

저 살인마의 시커먼
뱃속에 들어찬 테러의 맹독을

저 집요한 독재의 세습에
희생당해 구천을 떠도는 넋들을

저 자유의 갈망에 목숨 건 탈북자의
피 맺힌 망향의 한을

하늘이여
하늘이여
정녕 민심이
하늘의 마음이거든

—「보았나요」 전문

전 세계에서 유일한 분단국가의 아픔을 한계순 시인은 노래하고 있다. 어둠의 장벽에서 오르는 재앙의 불길, 이 풍족한 삶 속에서도 유일하게 백성들을 배곯아서 굶주려 헤매는 동족의 아픔을 외면하는 김일성 족속들, 저 집요한 독재정치 속에서 탈출해 넘어오는 우리 동족의 아픔을 시인은 그냥 볼 수 없는 듯 탈북민들의 아픔을 노래하고 있다. 하늘은 민심을 그냥 보고만 있지 않을 것이며 푸른 하늘은 항상 하늘을 우러르는 사람들의 것이라는 것을 말해 주고 있다.

새벽 찬 이슬에
해 질 녘 논둑길 누비며
벼 이삭 사이로
손보다 빠르게 튀는
눈치가 백단인 놈들을
진땀나게 잡았지
양파 망 속에서 난리치는 놈들을

짠하지만 사정없이 쪄버렸어
살랑대는 갈바람에
발갛게 건조되어 엄청 고소하네
주말에 오는 손자 녀석들 먹이려고
자연산 영양식 준비했지
도시에서 신나게 온 어여쁜 그 녀석들
얘들아 맛난 것 먹자
바구니 들고 양지쪽에 앉았다
우와 신난다
피자야?
치킨이야?
에 잉! 벌레잖아
이건 맛있는 메뚜기란다
냉큼 한 마리 보란 듯이 냠냠
으아 할머니 야만인이다
손자 녀석들 기겁하여 도망친다
쯧쯧

—「잃어버린 맛」 전문

작품 「잃어버린 맛」은 요즘 아이들에게 그 옛날 메뚜기를 잡아서 동솥에 불을 지피고 볶아먹던 시절을 말해주고 있는 상황의 시다. 우리들 어린 시절 누런 벼이삭 위로 뛰어다니던 그놈들을 잡느라고 해 지는 줄 모르고 잡던 계절의 이야기다. 지금도 오일장 마당에 나가면 그들을 볶아가지고 조금씩 나오는데 값을 물어보면 매우 비싸게 부른다. 지금의 아이들은 그것들을 직접 볼 수 없고 제약회사에서 가공하여 아이들을 성장시키는 약으로 나온다. 아이들이 먹고 자라나는 원동력이 되기도 하는데 지금의 아이들은 그것을 모르고 자란다.

한계순 시의 중하반부에 보면 아이들에게 메뚜기 영양식을 준비했지만 도시에서 피자나 치킨을 먹고 자란 아이들은 그저 할머니를 "야만인" 취급하면서 도망친다.

야. 이 망나니 도둑놈아
영역을 넘었잖아

불법이 아니라고 밤마다
내 소박한 사랑을 훔치고
얄미운 발자국만 남기냐

싹둑 잘린 상처는 어쩌라고

그 맑은 눈동자
이젠 믿을 수 없어
미움을 엮어 울타리를 칠 거야

—「고라니」 전문

시인이 영주문예대학 수업시간에 발표한 작품이다. 그 얼마나 기발한 이미지인가? 사람이 살아나가는 상황 속에서 수많은 좋은 작품들이 쏟아져 나올 수 있다는 것을 이 작품을 통해 알 수 있다. 우리가 살아나가면서 유심히 보면 무엇이든 다 작품의 소재가 된다는 것을 직간접적으로 나타내는 작품이다. 조금만 더 생각해 보면 좋은 아이디어가 나올 수 있는데 아무 생각 없이 사물을 보고 넘기니 이런 작품이 나오지 않는 것이다.

고라니가 귀엽고 맑은 눈동자에 항상 자연을 가득 담고 다니는 동물이라는 생각은 우리만의 생각이다. 시의 마지막 연을 읽으면서 시인의 생각, 시인의 깨끗한 마음 등을 엿볼 수 있어 좋다. 이 작품에는 "미움을 엮어 울타리를 칠 거야" 이 한 구절이 작품 전체를 좌우하고 있다. 물론 다른 구절도 좋지만….

그런 눈빛으로 유혹하면 어쩌나 /
까만 고독의 면전에서/
너무 야하게 분칠을 했잖아/
그 간드러진 미소에 /
바윗덩어리도 상사병 들겠어/
안으려면 외면하고/
돌아서면 안달하는 내숭쟁이/
매화꽃 안고 엔간히 희롱하더니/
엄동의 앙상한 나목에 앉아/
한 폭의 외로움을 그리네/
성에가 붓질하는 창 너머/
환하게 그리움을 걸어놓았네/

—「달님」 전문

한계순 시인의 작품 「달님」은 모든 사람들이 다 쳐다보면서 사랑하는 달을 보며 생각하는 사람들의 각

각의 마음을 표현한 시라고 볼 수 있겠다.

달을 쳐다보면서 소원을 비는 사람도 있을 것이고 염원을 고하는 이도 있을 것이며 그리움을 호소하는 사람들도 있을 것인데, 한계순 시인은 고독 · 그리움 · 외로움 등을 이야기하면서 마지막으로는 앙상한 겨울나무 가지에 외로움을 그리고 그리움을 걸어놓는 것으로 달님을 보고 있다.

한세상 준비에 익숙한 삶
미래를 준비하고
자식의 장래를 준비하고
마지막 노후준비를 하고 나서
모두 이루었다고 안도했다
어느 날 점점 빨라지는
나이의 속도가 최후를
준비할 숙제로 다가왔다
알맹이의 갈 곳은 예약되어 있으나
알뜰히도 써먹은 껍데기지만
그냥 버리기는 아깝다
흙으로 돌아가고
혹은 한 줌의 재가 되기 전
하늘이 내린 살신성인은 못 되어도
쭈그러진 빈 몸뚱이나마
재활용이 되고 싶다
혹여 누군가의 생명에 보탬이 된다면
그 얼마나 값진 죽음이겠는가
살아서는 재능기부
죽어서는 시신기증

이것이 참된 보시요
헌신이라 믿기에~

—「초월」 전문

우리가 평생을 살면서 이 세상에 남기고 가는 것이 무엇인가? 사람은 이름을 남기고 호랑이는 가죽을 남긴다고 했다.

한계순 시인은 작품 「초월」을 통해 많은 사람들 앞에서 이러한 일을 했으면 좋겠다는 생각을 피력한다. 평범한 사람들은 미래를 준비하고, 자식의 장래를 준비하고, 마지막으로 자신의 노후를 준비한다고 한다. 살아서 자기가 갖고 있는 모든 재능을 이 세상 사람들을 위해 다 쓰고 난 다음 마지막으로는 한 줌의 흙으로, 한 줌의 재로 돌아가기 전 자신의 시신을 그렇게 아무 쓸모없이 버리지 말고 죽어서도 참된 헌신을 하자는 것이 한계순 시인의 지론인 것이다.

야들한 비단 폭
곱디곱게 물들여

구름솜 사려 넣어
원앙금침 수놓아

추풍에 먼 길 돌아오신
임의 밤을 쉬게 하리

—「노을」 전문

작품 「노을」에 대해서 한계순 시인은 자유시로 쓴 것인지는 모르지만 이 작품은 완벽한 단형시조의 한 수(首)이다. 현대시조의 양상은 그 옛날 고시조와는 달리 자수율만 가지고 언급하지 아니하고 음보율을 함께 곁들여서 율격을 조율함으로서 시조에 대한 그 운신의 폭이 매우 넓어졌다고 하겠다.

노을의 빛깔과 그 아름다움을 비단 폭에 비유하고 있으며 그 비단으로 원앙금침을 만들어 님의 밤을 편안하게 쉬게 하겠다는 한 시인의 생각이다.

애증의 파도가
아름다운 줄
퍼런 멍이 들고서야

밀밀한 모성이
영롱한 줄
진주알 품고서야

잔인한 뙤약볕이
사랑인 줄
소금이 되어서야
알았네

―「바다」 전문

작품 「바다」도 단형시조의 형태를 품고 있는 작품이다. 자수율과 음보율을 겸하여 보면 자수가 좀 넘어서도 시조로 수용할 수 있을 뿐만 아니라 언어의 쓰임과 종장처리를 보면 시조의 격조를 알게 된다.

시조에서 초장, 중장도 중요한 역할을 하지만 종장의 역할이 가장 중요함은 강조하고 또 강조해도 부족하다. 시조의 종장은 비유하자면 한복 주름치마의 말기와 같은 역할을 한다고 했다.

한계순 시인은 시퍼런 바다를 보면서 파도, 퍼런 물결, 아프면서도 품고 있는 전복의 진주알, 잔인한 뙤약볕, 소금 등을 통해서 사랑이 무엇인가를 새삼 깨닫게 되고 느낌을 얻는다는 것이다.

머나먼 하룻길이
어이 그리 힘겨운지

이끼 낀 주름 사이로 번지는
회한의 물결 따라
텅 빈 쪽박이 맴을 돈다

혼자만 가는 곳은 아니지만
홀로 가야 할 지독한 고독

내가 너무 오래 살았다
입고 갈 옷은 우예노

낡은 뼈 동이고 갈 삼베옷
먼 옷 챙기시는 어머니

가슴에 묻어둔 애물단지는
어이 쏟고 가시려나

—「수의」 전문

문학은 인간이 살아가는 길이라고 생각한다.

문학은 사람이 살아가는 길에 뜨겁고 눈물이 있는 정원의 꽃 향이거나 또는 춥고 삭풍이 부는 날 따끈한 희망을 주는 내용이거나, 아니면 어려운 세상살이에서 보석 같은 언어로 사람들에게 삶의 활력소를 부여해 정신의 혼을 건져 올릴 수 있는 것이 문학의 힘이며 우리들에게 비춰지지 않는 정체성(Identity)을 잡아내어 일깨워 주는 것이 문학이라고 생각한다.[2)]

한계순 시인은 작품 「수의」를 통해 사람이 살아가는 길이란 무엇인가를 말해주고 있다. 혼자 가는 길이지만 그 고독 속에서 혼자라도 입고 가야 할 수의를 걱정하면서 살아가는 아픔을 쏟아놓고 있다.

사랑하기에
엄동에도 식을 수 없었고
아지랑이 유혹에도
졸지 않았다

간절하기에
밟혀도 누울 수 없었고
목이 타고 배고파도
울지 않았다

모정이기에
옹차게 허리띠 졸라매고

---

2) 박영교, 앞의 책, p.149

바람의 분탕질에 흔들려도
꺾이지는 않았다

보람이기에
서둘러 금빛 바다 출렁이고
보릿고개 넘던 어머니
노랗게 웃고 있다

—「보리밭」 전문

요즘 아이들은 보릿고개를 모르고 살고 있으니 얼마나 다행인가? 그 보릿고개를 없애기 위해 박정희 대통령이 필리핀 마르코스 대통령에게 그 수모를 당하면서 얻어 온 볍씨로 통일벼를 만들었던 것이다.

한계순 시인은 작품 「보리밭」을 통해 지난날 아픔과 오늘날 그리움을 함께 나타내고 있다. 엄동설한에도 푸르게 자라 올라 간절한 그 마음은 밟혀도 살아오르고 또 살아 올라 배고픈 우리 허기를 채우고 또 삶의 풍성한 방귀도 뀔 수 있게 만드는 보릿고개, 지금은 웃고 넘길 수 있는 고개일 것이다.

니들은
아직도 화들짝 놀라는구나

노랗게 물오른 들판에
한철 북적대던 소박한 전쟁
그 긴장의 싸움에서 이겨
수백 마리 포로를
헝겊 자루에 담아

의기당당 돌아오던
그날에도
산그늘은 내리고
늦바람난 쑥부쟁이
희뿌옇게 헤실대고 있었지

—「논길에서」 전문

앞에서도 언급했지만 메뚜기를 잡아서 반찬으로 해먹던 시대, 간식으로 볶아먹던 시절이 있었다. 많은 메뚜기를 잡아서 솥에 쪄서 말리고 그것이 돈이 되던 시대였다. 시인은 그런 시대를 겪어왔고 배고픈 시대의 아픔에도 살아온 사람이므로 그 모든 어려움을 이겨내는 힘도 있는 것이다.

한계순 시인은 자기 작품에 대해서 애착을 갖고 열심히 쓰는 시인이다. 시인이 자기 작품에 대해서 역사의 심판 앞에 겸허히 서는 것도 서는 것이겠지만 그 이전에 시인은 자신의 작품에 대해 얼마나 최선을 다했는가, 얼마나 진실하게 마음을 쏟았는가를 한 번쯤 짚어보고 넘어가야 될 줄 안다.[3]

어둠이 서두르는 산골마을
굴뚝마다 피는 매캐한 연기 골목을 감돌아
아이 부르는 엄마들의 목소리 어우러져 정겨웠다
골목을 누비며 숨바꼭질하다가 시장기가 돌고

---

3) 박영교, 『文學과 良心의 소리』(도서출판 대일. 1986), p.100

삼베 적삼에 젖은 고단을 알 길 없는 철부지들
칼국수 미는 엄마 옆에 붙어 앉아
"국시 꼬리 많이 줘 잉."
쪼르륵거리는 배에 군침을 삼켰다
"앵! 다 썰었네." 눈물이 핑 나도록 속상해하면
"다음에 남겨 주마. 오늘은 반죽이 적어서."
쓴 미소 짓는 엄마가 약속했다
아궁이 불에 구우면 풍선처럼 부풀어 바삭하고 고소한 국시 꼬리
그 맛의 추억을 잊을 수 없다

—「그리움을 줍다」 일부

이 작품은 한계순 시인의 표제시(表題詩)이다. 이 작품은 호흡이 길어서 전작을 싣지 못하고 작품 전반부만 싣고 작품 전체를 감상하고자 한다.

전반부는 그 어렵게 살던 시대, 저녁때가 되면 부엌에서 암반을 펴고 홍두깨로 반죽을 밀어 손칼국수 면을 만드는 어머니 옆에 앉아 칼국수 꼬랑지를 얻어 아궁이 불에 넣어 구워 먹던 이야기를 작품화했다.

그리고 전기가 들어오지 아니한 고향집 호야불을 걸어두고 오빠에게 무시무시한 이야기의 실마리를 들으면서 그 옛날 추억을 떠올리는 시인의 마음, 오늘은 어머니가 애호박을 넣고 손칼국수를 해주던 때를 생각하며 그때 그 감정으로 손칼국수를 해 먹고 싶은 심정을 작품화하고 있다.

아마도 모르긴 하지만 공민왕의 도루묵의 국을 먹는 그런 느낌이 아닐까 싶다.

마지막/
미움까지/
사랑할 수/
있도록/
저 하늘/
끝자락/
노을/
한 동이/
퍼다가/
퍼런 가슴/
붉게/
물들이고/
싶어라

—「마음」 전문

한계순 시인의 작품 「마음」 속에는 무엇이 들어 있을까?

지금까지 살아가면서 마음속에 숨어 있던 여러 가지 겪었던 일들을 미움으로 놓고 있는 것들이 사랑으로 변화할 수 있도록 저녁노을 붉게 물든 한 동이를 퍼서 내 마음을 변화하게 만들고 싶어 하는 시인의 본심을 표현한 것이다.

너무 깊어
볼 수가 없었고

너무 높아
잡을 수도 없더니

세월의 깊이만큼
내려가고

나이의 높이만큼
올라가니

이제 보이네
하늘과 바다가

그 주름 속에
타고 있는

뜨거운 사랑이
눈부시네

—「어머니」 전문

한계순 시인의 어머니에 대한 존경과 사랑이 들어 있는 작품이다. 그는 이 작품 외에도 어머니에 대한 작품은 몇 편 더 있다. 작품 「사랑의 바다」도 같은 맥락에서 쓰여진 작품이다.

너무나 깊고 너무나 높아서 그 사랑은 보이지 않았으나 나이가 들면서, 자식을 키워보면서, 세월의 깊이를 더해가면서 보이는 어머니의 사랑을 따스하게 표현해 놓았다.

어버이의 넓고 높은 사랑을 측량할 수 없을 만큼 느끼는 때는 부모님이 돌아가신 후라고 한다. 그래서 후회스러움을 마음에 간직하게 된다. '수욕정이풍부지(樹欲靜而風不止), 자욕양이친부대(子欲養而

親不待)[4]–나무는 고요하려 하나 바람이 그치지 않고, 자식은 봉양하려 해도 어버이는 기다려 주지 않는다.' 는 고사성어가 떠오른다.

완벽하면
그건 사람이 아니지
모자람의 빈자리에
긍정의 뿌리를 내리자

척박한 맘 일구어
진실의 땀 뿌리고
서리 내린 이랑에
늦은 씨알 심어도

괜찮아

서두르지 않아도
훈기 남은 서녘
노을은 붉게
내 안에서 영그니까

—「괜찮아요」 전문

사람이 산다는 그 길은 너무나 구절양장(九折羊腸)과 같은 길이라는 걸 한계순 시인은 잘 알고 있다.

---

4) 韓詩外傳

수많은 시절과 어려운 삶의 굽이를 돌아 나와서 조상들이 정착해서 일궈놓은 지금 이곳에 정착하여 자녀들 교육을 잘 시켜서 훌륭한 가정을 일군 한계순 시인이다.

사람이 살아나가는 길은 완벽하지는 않지만 모자라는 것을 채워나가고 어렵고 척박한 땅을 일궈서 씨를 뿌려 농사를 지으면서 진실하게 살아가는 것, 좀 늦은 이랑이라도 씨앗을 뿌려 서두르지 않는 느긋한 삶을 살겠다는 시인의 계획이다. 너무나 빨리 빨리로 생활하다 보면 그리움이 그냥 지나가는 것을 한계순 시인은 느끼고 있는 것이다.

바쁜 도회의 생활 속에서 계절의 변화를 느끼지 못하는 사람들에게 자연에도 마음을 돌릴 여유를 안겨주는 것만으로도 괜찮은 생각이며, 서두르지 않고 그 변화를 마음속으로 느끼는 삶을 살고 싶어 하는 마음일지도 모른다.

생각에는 시간이 필요하다

순간의 생각을 따르면
어느 날
내가 왜 그랬을까
돌이킬 수 없는 날에
부끄러운 후회를 남길 수 있다

생각에는 목표가 중요하다

무작정 달리는 몸이면
어느 날
내가 왜 여기에 있지
돌아갈 수 없는 길에
안타까운 후회를 남길 수 있다

—「그렇구나」 전문

우리가 살아가는 일에는 항상 생각이 필요하며 그 생각은 신중해야 하고 후회 없는 생각으로 살아가는 목표가 충실해야 한다.

한계순 시인은 많은 삶의 영역에서 어려움을 겪어 보기도 하고, 자기 자신이 한 일에 대해서 반성도 해 본 경험이 있었던 것 같다. 살아가면서 후회 없는 생활을 했다면 그것은 완벽한 삶의 길이겠지만 목표 없이 살다 보면 자신이 걸어 온 길이 많은 안타까운 삶으로 후회할 수 있는 것이다.

다시 부끄러운 자신의 발자취를 보면서 돌이킬 수 없는 상황까지 왔을 땐 너무나 큰 후회를 하게 되는 것이다. '답설야중거(踏雪野中去) 불수호란행(不須胡亂行) 금일아행적(今日我行蹟) 수작후인정(遂作後人程)-눈을 밟으며 들길을 갈 때에는 모름지기 함부로 걷지 마라. 오늘 내가 남긴 발자취는 후세인들에게 이정표가 될 것이니.' 라는 서산대사의 시가 생각난다.

꺼지지 않는
불꽃

가치 있는
삶의 초석

지혜를 깨우는
모정의 음성

시간을 초월한
영혼의 울림

살아 있는
감성의 보고

소통하는
가슴의 열림

언어의 꽃
영장의 향기이다

—「문학은」 전문

한계순 시인은 작품 「문학은」을 통해 문학을 짧으면서도 감동적이게 시적으로 정리하고 있다. 누가 이런 감동으로 자신이 느끼고 있는 문학을 정의할 수 있겠는가? 그것은 늘 살아오면서, 글을 써 오면서, 문학에 심취해 오면서, 함께 동거해 오면서 항상 잊지 않고 함께 생활해 와야만 이런 정의를 내릴 수 있는 것이다.

그는 문학을 삶의 초석, 모정의 음성, 영혼의 울림, 감성의 보고, 가슴의 열림, 영장의 향기로 정리하고 있지만 그 속에는 말할 수 없고 형용할 수 없는 그늘과 양지가 살아 꿈틀거리고 있는 것이다.

고이면 썩는 줄 알기에
실개울은 밤새워 노래 부르고
돌부리에 깨어져도 울지 않는다

멈추면 썩는 줄 알기에
바람은 비좁은 틈새도 차별 없이
정화의 풀무질을 쉬지 않는다

아
슬프게도 사람만이 더러는
마음을 가두고
욕심을 가두고
굳은 편견으로
새로운 물결을 거부하고
부정의 늪에서 허우적이며
순리의 흐름을 방해하고 있다

—「흘러가야 한다」 전문

작품 「흘러가야 한다」에서 보면 한계순 시인은 모든 사물이나 물, 그리고 사람들이 차고앉은 그 자리를 비롯한 모든 것들은 바람처럼, 흐르는 물처럼 순조롭게 순리로 흘러가야 한다고 했다.

바람은 사정없이 파고들어 아무 데나 그리고 무엇이나 파고들어서 새로운 물결로 만들고 바람은 사람의 비좁은 틈새도 마다치 않고 파고들어 정화시키는 흐름으로 변화시킨다. 모든 자연은 이렇게 변화해 가지만 슬프게도 유독 사람만 욕심으로 자신의 마음을 가두고 굳게 자신을 지키며 새로운 바람을 거부하며 부정의 늪에서 헤어나지 못하는 동물이다. 사람은 스스로 자신을 돌아볼 수 있어야 사람인 것이다.

칠백 년 인고를
아름드리 끌어안고

굽이치는 세파에도
줄기차게 지킨 뿌리

베풀고 가르치는
천연기념물 터줏대감

장엄한 기상에
부윤한 그늘 담아

사계절 솔기마다
박음질한 정성으로

아린 옹이에
겨우살이 터를 주고

휘어진 가지로
텃새들 품어주며

밀밀한 삶의 길목
타래 엮어 지켜주네

—「병산의 갈참나무」 전문

작품 「병산의 갈참나무」는 700년이나 살아온 병산의 지킴이 갈참나무에 대해 이야기하고 있다. 천연기념물 제285호로 지정되어 보호수로 오랜 세월을 아픔과 즐거움, 서러움도 함께 겪어왔으며 병산의 고향산천 모든 내력을 간직하고 있는 보호수 갈참나무이다.

좋은 작품은 어렵고 힘든 생활이나 삶의 절실함 속에서 쓰여진 것으로서 이런 작품들이 독자들의 마음과 정신을 사로잡는다. 아무리 좋은 미사여구(美辭麗句)도 그 속에 절실한 생활이 없고, 눈물과 한숨이 없고, 진실과 그것의 아픔이 없으면 공감과 공명을 얻어낼 수 없는 것이다.

한계순 시인의 작품 속에는 순수함과 열정이 숨어 있으며, 그리움과 지난날의 아픔이 살아 꿈틀거리는 그늘로 항상 물결처럼 출렁거리고 있다. 또 산그늘처럼 조용히 내려앉은 잃어버린 그림자들이 하늘거리고 있다.

시인의 마음속에는 큰 바다가 펼쳐져 있어야 하고, 때로는 높은 산도 우뚝 솟아 있어야 하고, 드넓은 푸른 평원과 골짜기, 모래바람이 몰아치는 사막도 깔고 앉아 있어야 한다.

그 사막에서 부는 모래바람을 맞으면서 인생을 생각하는 깊은 마음이 일고 그 깊은 골짜기를 빠져나오면서 얻어지는 삶의 진실을 이야기하며, 푸른 평원에 서서 하늘을 바라보며 먼 지평선에 넘어가는 노을을 그리면서 넓은 바다를 주름잡으며 밀려오는 고된 삶의 파도소리와 그 파도가 해변의 석벽에 부딪쳐 부서지는 물결의 파편을 보면서 인생에 대한 아픔의 진실을 나눌 수 있는 생활이어야 한다.[5)]

한계순 시인의 제2시집 속의 원고는 첫 시집 내용보다 그 보법이 묵직하면서도 좀 더 성숙된 이미지 구상과 단단한 생각의 진실이 담겨져 있으면서도 작품 골격이 탄탄하다.

작품은 그 시인이나 작가에 있어서 살아 있는 영혼의 꽃이다. 그러므로 시인들은 자기 작품에 대해서 어디까지나 책임을 져야 하기 때문에 퇴고와 번민을 꾸준히 하지 않으면 안 된다.

한계순 시인의 제2시집 출간을 축하하며 앞으로 더욱 좋은 작품을 써서 독자들에게 보답하기를 바라 마지 않는다.

---

5) 박영교, 『시와 독자 사이』(도서출판 청솔. 2001), p.223

문학세계대표작가선 846

그리움을 줍다

한계순 제2시집

인쇄 1판 1쇄　2018년 3월 16일
발행 1판 1쇄　2018년 3월 23일

지 은 이 : 한계순
펴 낸 이 : 김천우
펴 낸 곳 : 도서출판 천우
등　　록 : 1992. 2. 15. 제1-1307호
주　　소 : 서울시 성동구 무학봉28길 6 금용빌딩 2F
전　　화 : 02)2298-7661
팩　　스 : 02)2298-7665
http://moonhak.wla.or.kr
E-mail : chunwo@hanmail.net

값 10,000원

ISBN 978-89-7954-713-9

이 도서의 국립중앙도서관 출판예정도서목록(CIP)은 서지정보유통지원시스템 홈페이지(http://seoji.nl.go.kr)와 국가자료공동목록시스템(http://www.nl.go.kr/kolisnet)에서 이용하실 수 있습니다. (CIP제어번호: CIP2018008573)